ASÍ SOY YO
Conócete mejor a ti mismo y a los demás

Escrito por Helena Haraštová
Ilustrado por Ana Kobern

Me gustaría expresar mi agradecimiento
a la psicóloga Lucie Miškóci. Sin su amable y meticuloso
asesoramiento profesional, este libro nunca habría sido posible.

Índice

¡Todos somos diferentes! 4
Olivia (**impulsiva** y **valiente**) 6
Diego (**hipersensible** y **empático**) 10
Fátima (**revoltosa** y **activa**) 14
Tina (**tímida** y **reflexiva**) 18
Elías (**hablador** y **comunicativo**) 22
Bruno (**le gusta discutir** y **es conciliador**) 26
Clara (**terca** y **perseverante**) 30
Manuela (**soñadora** y **con capacidad de concentración**) 34
Nico (**mandón** y **líder**) 38
Daniel (**egoísta** y **cuidadoso**) 42
Entonces, ¿cómo somos realmente? 46

¡TODOS SOMOS DIFERENTES!

¿Cómo eres?

Aunque sabemos quiénes somos, a veces resulta difícil describirnos. Sin embargo, conocer los diferentes tipos de personas nos será muy útil a la hora de hablar de nuestras propias necesidades y sentimientos, así como para entender mejor a nuestros amigos y familiares.

Eres único

Todos tenemos nuestras propias características especiales. No hay dos personas iguales.

¿Características buenas o malas?

Ningún rasgo de personalidad es bueno o malo por sí mismo. Todos pueden resultar útiles o, por el contrario, llevarte a actuar de manera incorrecta. Le ocurre a todo el mundo.

Todos cambiamos

Todos vivimos experiencias diferentes en nuestra vida, experiencias que nos moldean. Pueden cambiar, fortalecer o debilitar quiénes somos y lo que podemos hacer. Cuando los sentimientos aparecen repentinamente, no siempre sabemos gestionarlos de inmediato. Sin embargo, si aprendemos a hacerlo, podremos mantener bajo control el modo en que actuamos.

Aprender a conocernos

En este libro, presentaremos diferentes características y habilidades humanas. Nuestros guías serán niños y niñas como tú. Cada cual tiene una personalidad propia y debe aprender a vivir con ella. Unas veces se siente feliz, y otras, triste, exactamente igual que los adultos.

Sin embargo, antes de empezar este viaje, responderemos algunas preguntas básicas…

¿QUÉ ES UNA **CARACTERÍSTICA**?
Una característica es una parte de nuestra personalidad que muestra cómo somos por dentro, cómo actuamos, cómo reaccionamos ante los demás y cómo nos expresamos. Algunos ejemplos de características es ser sensible, determinado o confiado.

¿QUÉ ES UNA **HABILIDAD**?
Las habilidades mejoran con la práctica, la experiencia y el aprendizaje. Las personas poseen todo tipo de habilidades, como concentrarse, entender los sentimientos de los demás y resolver problemas.

¿QUÉ ES UNA **EMOCIÓN**?
Una emoción es un sentimiento intenso que afecta nuestro modo de actuar. Refleja cómo nos sentimos y cómo reaccionamos en diferentes situaciones. Entre nuestras emociones destacan el miedo, la ira, el amor y la alegría.

Esta es Olivia.

A veces, Olivia es IMPULSIVA.

A veces, Olivia es VALIENTE.

Max es tan impulsivo y estaba tan impaciente por salir que Olivia no tuvo tiempo ni de abrir la puerta.

Toni quería cortarse el pelo solo, pero ahora se ha dado cuenta de que fue una decisión impulsiva.

Los bomberos son valientes para enfrentarse a los incendios.

Aunque mamá tiene miedo a las alturas, se llenó de valor para subir al árbol y rescatar a la pequeña Daisy.

¿Qué es ser impulsivo?

De vez en cuando, Olivia actúa o se expresa de manera impulsiva. Por ejemplo, cuando fue a casa de su prima Ágata, le dijo: «¡Qué juego más aburrido te has inventado!» Y, claro, Ágata ya no quiso jugar más con ella.

Olivia, que estaba enojada porque no le gustaban las reglas del juego de Ágata, no pudo evitar que se le escaparan esas palabras tan dañinas. Pero no te preocupes, nuestro cerebro funciona así. No es fácil aprender que hay que pensar antes de hablar. Puede ser muy complicado...

¿CÓMO SABER QUE ESTÁS ACTUANDO IMPULSIVAMENTE?

→ Haces lo primero que se te viene a la cabeza sin pararte a pensarlo.

→ No reflexionas sobre si tus acciones pueden ser peligrosas.

→ Si te detuvieras a pensarlo, encontrarías una solución mejor.

El día antes de su cumpleaños, Olivia abrió la refrigeradora y vio el pastel para su fiesta ¡Era imposible resistirse!

Cuando quiso darse cuenta de su error, ya era demasiado tarde.

Actuar impulsivamente significa no pensar en las consecuencias. Y como lo primero que se nos ocurre no siempre es una buena idea, es posible que nos acabemos arrepintiendo de nuestras acciones.

Pero no te preocupes, a veces todos somos impulsivos. Pregúntale a un adulto cuándo fue la última vez que actuó de manera impulsiva. ¿Y tú? ¿Cuándo fue la última vez que actuaste impulsivamente?

Lo opuesto a impulsivo es ser precavido. Antes de ir a recoger la pelota de su hermana de la carretera, Fede esperó precavidamente a que todos los coches hubieran pasado.

¿Qué es ser valiente?

Sin embargo, es importante saber que una decisión rápida no siempre es impulsiva. Cuando las personas valientes reaccionan de forma rápida, pero precavida, suelen tomar decisiones inteligentes.

Cuando a Alicia le tocó presentar su proyecto en clase, estaba nerviosa. Sin embargo, se llenó de valor y logró hablar delante de sus compañeros. Para su sorpresa, a todos les interesó mucho lo que dijo.

Se necesita mucho valor para rescatar a alguien.

Los bomberos y los policías están entrenados para mantener la calma en situaciones de peligro. Es algo que también se puede aplicar a nuestras vidas. Así, cada vez que venzas tus miedos, te volverás un poco más valiente.

Sin embargo, la valentía no se reduce a grandes actos heroícos. ¡También actúas valientemente cuando bajas al sótano a buscar la mermelada casera de la abuela! Siempre que te enfrentas a tus miedos, estás mostrando que eres valiente.

Con un poco de valentía y un amigo fiel a tu lado, puedes explorar la oscuridad en busca de un juguete perdido, incluso en plena noche.

Este es Diego.

A veces, Diego es
HIPERSENSIBLE.

A veces,
Diego es
EMPÁTICO.

A Isabel le afecta mucho que a alguien no le guste su ropa.

Es imposible consolar a Felipe. No le gusta para nada perder..

La nueva profesora de Eda es muy empática. Es consciente de que todos están nerviosos el primer día de clase.

A Fran se le ha ocurrido que un té caliente le sentará bien a su madre. Es muy empático.

¿Qué es ser hipersensible?

No hay un solo día en que a Diego no le moleste algo: que un desconocido le frunza el ceño en el autobús, que sus amigos discutan, leer una historia triste o que le hagan una broma sin gracia. Sin embargo, lo que más le molesta a Diego es que sus amigos estén bien cuando él está molesto.

Otra película que le hace llorar a Diego. Pero, ¿por qué nadie más llora en el cine?

Diego no tiene por qué preocuparse. Solo siente las cosas con un poco más de intensidad que los demás. Todos nacemos con diferentes niveles de sensibilidad y ningún nivel es mejor o peor que el otro.

A veces, todo se soluciona si le damos un abrazo o le decimos unas palabras de apoyo. Hay ocasiones en que una sonrisa o solo ofrecer ayuda es suficiente.

Aun así, a veces, Diego desearía no ser tan sensible. Ser muy sensible –lo que llamamos hipersensibilidad– puede hacer que, en ocasiones, se sienta triste e impotente. Si eres tan sensible como Diego, puedes aprender a manejar tu sensibilidad. Quizá no sea sencillo, pero una vez que lo logres, te darás cuenta de que puedes percibir el mundo en mayor detalle que los demás.

Afrontar la tristeza y la decepción con calma puede ser difícil, especialmente en la infancia. Hay ocasiones en que algo sin importancia, como que un globo explote, puede resultar abrumador.

¿QUÉ HACER SI TE SIENTES DEMASIADO SENSIBLE?

→ Recuerda que lo que estás sintiendo ahora se pasará pronto.

→ Ten en cuenta que quizá tus amigos no tuvieron intención de herir tus sentimientos. Intenta explicarles por qué te sientes mal.

¿Qué es ser empático?

Las personas sensibles suelen ser muy empáticas. Percibir cómo se sienten los demás es un don maravilloso. Nos permite tratarlos como nos gustaría que nos trataran a nosotros.

Si uno de tus amigos se hace daño en la rodilla, tú también te sentirás mal. Sin embargo, hay muchas otras emociones negativas que puede que compartas con él: vergüenza porque otros vieron cómo se caía, decepción porque quería imitar el nuevo salto que su hermano había hecho con la patineta y, tal vez, incluso rabia hacia esa piedra en el camino que causó la caída. Comprender estos sentimientos puede ayudarte a apoyar mejor a tu amigo.

Aunque ser empático puede ser todo un desafío, a lo largo de nuestras vidas las personas aprendemos a ser más empáticas.

Es estupendo tener a alguien cerca que nos ayude a entender nuestros sentimientos.

Intenta no ponerte triste cuando algo no te salga bien... Al final, lo lograrás.

Esta es Fátima.

A veces, Fátima es REVOLTOSA.

A veces, Fátima es ÁCTIVA.

14

¿Qué es ser revoltoso?

Hoy, Jorge se está pasando de la raya. ¿Por qué está tan revoltoso?

¡Max y Laura están descontroladísimos! Van a romper algo.

Los niños siempre se divierten en el parque. Están llenos de energía.

También el abuelo rebosa energía. Le encanta hacerles pasteles a sus nietos.

Fátima tiene tanta energía que para ella estar sentada tranquilamente a la mesa es un acto de aburrimiento mortal. A Fátima le encanta correr, saltar, jugar y, sobre todo, hacer mucho ruido. Cuando hace ruido mientras juega en el parque, no molesta a nadie. Por lo general, no pasa nada por hacer ruido en la calle.

Fátima causó tal alboroto durante la consulta médica que su padre no sabía qué hacer.

Sin embargo, a veces Fátima libera su energía en el lugar o momento equivocados. Si no calma sus impulsos, se vuelve incontrolable: no le hace caso a nadie, ignora las normas y no se da cuenta de que su comportamiento resulta molesto.

¡Es muy divertido descargar toda tu energía en el parque!

Es fácil dejarse llevar, sobre todo cuando te estás divirtiendo tanto. El problema es que lo que a nosotros nos parece divertido, a otros los puede molestar.

¿Qué es ser activo?

A las personas con mucha energía les resulta muy difícil quedarse quietos sin hacer nada. El truco está en canalizarla hacia algo divertido que no moleste a nadie. ¿En qué podrías

¿CÓMO SABER QUE ESTÁS SIENDO REVOLTOSO?

→ Corres, saltas, gritas o hasta te peleas sin control.

→ La gente intenta detenerte sin éxito.

→ Tu comportamiento es peligroso: podrías romper algo o hacerle daño a alguien.

Algunos adultos liberan el exceso de energía haciendo ejercicio.

emplear tu energía? Haz un pastel o un rompecabezas, sal a dar un paseo en la naturaleza o juega con tus juegos de construcción... ¡Cualquier cosa que te parezca divertida! Si sientes que estás a punto de perder el control, haz una pausa y mira a tu alrededor: ¿cómo perciben los demás tu comportamiento? ¿Los estás molestando? ¿Podrías hacerle daño a alguien? Si la respuesta es afirmativa, prueba a sentarte y respirar profundo. Piensa que tener muchísima energía puede ser positivo. Podrías ponerte a recoger tus juguetes o hacer dibujos para decorar tu salón de clase. ¿O qué te parece pintar una rayuela en el parque para que otros niños puedan jugar?

Hay gente que va de excursión al campo para descargar su energía.

Esta es Tina.

A veces, Tina es TÍMIDA.

A veces, Tina es REFLEXIVA.

Ana se esconde detrás de su madre. Es cautelosa con las personas que no conoce.

A José le gustaría participar en la conversación, pero es demasiado tímido.

Maya es una niña reflexiva y sabe escuchar.

El líder de mi grupo de scouts es una persona tranquila que escribe artículos sobre sus viajes. ¡Deberías leerlos, son increíbles!

¿Qué es ser tímido?

Tina siente ansiedad incluso en situaciones cotidianas como conocer gente nueva, enfrentarse a tareas inesperadas o hablar en público. Hay muchas personas tímidas en el mundo que son auténticos héroes anónimos porque enfrentan todos los días situaciones que para ellos son desafiantes… Y logran superarlas.

A veces, resulta útil ensayar en casa situaciones que nos estresan.

Algunas personas son de naturaleza tímida, una característica que puede empeorar si vivimos experiencias desagradables. Pero recuerda: no hay nada malo en estar solo a veces si eso te hace sentir bien.

Tina quería participar en el desfile, pero le daba vergüenza disfrazarse. Al final, ella y su madre fueron sin disfraz y lo pasaron de maravilla.

¿CÓMO SUPERAR LA TIMIDEZ?

→ Si una situación te estresa, ensáyala antes en casa.

→ No dudes en pedir ayuda a tus padres, a un profesor o a un amigo.

→ La experiencia es tu aliada: si te enfrentas a muchas situaciones estresantes, acabarás superando la timidez.

→ Si quieres ir a una excursión, a una fiesta escolar o a una clase de baile, imagínate a ti mismo yendo y pasándolo súper bien.

→ Si al final decides no participar en un evento, no te sientas culpable y disfruta tranquilamente de la paz y la soledad.

¿Qué es ser reflexivo?

A veces, la timidez de Tina no supone un problema. Le da la posibilidad de reflexionar sobre sus intereses y se le ocurren ideas fantásticas. Muchas personas se sienten cómodas siendo tranquilas y reservadas. Al pasar tiempo a solas con sus pensamientos, encuentran la paz.

Con el tiempo, sin embargo, las personas tímidas pueden aprender a manejar situaciones difíciles sin sentirse incómodas. A medida que crecen, se vuelven más seguras de sí mismas y saben cuándo les apetece estar con amigos y cuándo prefieren quedarse tranquilamente a solas.

Tina es tímida y siempre le ha encantado el arte, incluso de niña. Ahora, de adulta, es curadora de una galería. Así, puede disfrutar del arte en soledad, pero también hablar sin miedo con los visitantes de las exposiciones, que suelen ser unos entusiastas.

Este es Elías.

A veces, Elías
HABLA DEMASIADO.

A veces,
Elías es
COMUNICATIVO.

Había dos señoras en el cine que no paraban de hablar. Molestaban a todos los espectadores.

Cacahuete, el loro de Félix, no para de hablar: ¡ese pájaro no se calla ni debajo del agua!

Félix es un niño comunicativo al que le interesan mucho los animales. No tardó en hacerse amigo de la cuidadora del zoológico.

Como Nacho es muy comunicativo, enseguida conoció a otros niños en la playa.

¿Qué es hablar demasiado?

Elías es un niño simpático, pero a veces, habla y habla. Su cabeza está llena de ideas interesantes y no puede evitar compartirlas con los demás.

Las personas habladoras suelen ser muy simpáticas y tener buen corazón. El problema es que, en ocasiones, no saben cuándo parar de hablar. Los demás necesitan silencio para pensar o compartir sus opiniones.

A veces, está bien hablar y, otras veces, es mejor estar callado.

Si sientes la necesidad constante de hablar, cantar o hacer ruidos, prueba a usar una pelota antiestrés: puedes hacerla tú mismo fácilmente con un globo y harina.

La historia de Elías empezaba bien y era bastante graciosa, pero se alargó demasiado.

Al final, habló tanto que se agotó.

¿CÓMO SABER QUE HABLAS DEMASIADO?

→ Hablas de muchos temas uno tras otro, y no permites que nadie diga ni una sola palabra.

→ Al principio, todos te escuchan atentamente, pero no tardan en perder el interés.

→ Sientes la necesidad de hablar únicamente para romper el silencio.

Por ejemplo, si tus amigos están cansados u ocupados, puede que no tengan ganas de escuchar lo que les estás contando. Si aprendes a distinguir cuándo la gente realmente quiere escucharte, te harán más caso. ¿Te acuerdas de algún día en el que alguien habló tanto que llegó a molestarte?

Enrique se pone a contarle a la profesora lo que hizo el fin de semana, ¡en mitad de la clase de matemáticas!

¿Qué es ser comunicativo?

Cuando hablas sin parar, los demás pueden sentirse irritados o incluso enfadarse. Si esperas al momento adecuado, tus amigos estarán encantados de escuchar tus opiniones sobre un juego o un libro. Además, así también podrás saber qué opinan ellos.

Si disfrutas hablando con los demás y sabes escuchar, aprenderás cosas nuevas y disfrutarás de buenas conversaciones.

Tu habilidad para hablar también puede ayudar a los demás, especialmente a aquellos que son demasiado tímidos para iniciar una conversación. Si te acercas a alguien y te parece que está interesado en charlar, podrían tener una conversación divertida. E incluso es posible que terminen siendo amigos.

A Fran le hizo muy feliz ayudar a su vecino a cruzar la calle.

Este es Bruno.

A veces, a Bruno le gusta
DISCUTIR.

A veces, Bruno es
CONCILIADOR.

¿Qué significa que te guste discutir?

Bruno sabe que defender sus puntos de vista puede ser útil. Sin embargo, cuando está de mal humor, parece que busca pelea. En lugar de decir educadamente lo que le molesta, se pone a discutir.

Elisa y Adela discutieron sobre qué lazo ponerle al regalo de su abuela. Se han enojado y ahora no se hablan.

Los políticos suelen discutir como niños pequeños. ¡Ayer lo hicieron delante de las cámaras de televisión!

Marta y Ricardo no logran ponerse de acuerdo sobre cómo debería ser su nueva casa, pero siguen hablando sobre el tema.

Roberto y su abuelo mantienen una agradable charla sobre carros antiguos mientras cargan la leña.

Cuando su madre le pidió que le ayudara a secar los platos, Nicole le respondió de mala manera. ¡Parece que se avecina una discusión!

DISCUSIONES

→ No aceptamos la opinión de la otra persona.
→ La criticamos e incluso la insultamos.
→ Ambos creemos tener razón.
→ Todos acabamos perdiendo.

Rex y Ru se pelearon por el juguete y lo acabaron rompiendo. Ahora no tienen nada con qué jugar.

DEBERÍAMOS...

→ Escuchar y respetar las opiniones de los demás.
→ Hablar de manera educada.
→ Buscar una solución válida para todos.

Rex y Ru se lo pasaron muy bien tirando del juguete. ¡Qué grrrrrran juego!

Bruno se está enojando. Su amigo no ha sido justo al repartir los caramelos.

Cuando tenemos ganas de discutir, nos peleamos por cosas sin importancia. A veces, acabamos arrepintiéndonos por haberle dicho algo hiriente a una persona a la que queremos.

Si quieres mantener buenas relaciones con los demás, trátalos con respeto y amabilidad.

¿Qué significa ser conciliador?

En las discusiones y las peleas, todos quieren ganar. En las conversaciones, en cambio, ambas partes buscan puntos en común. Intercambiar opiniones, ideas y experiencias nos ayuda a entender mejor el mundo.

Dialogar amistosamente hace que nos comprendamos mejor. Aunque no estemos de acuerdo, podemos seguir siendo amigos. Por ejemplo, si te encanta el sol, pero tu mejor amigo odia el calor, podéis pasar un buen rato jugando juntos en la piscina.

En lugar de buscar conflictos innecesarios, puedes fortalecer tus amistades a través de conversaciones sobre diversos temas.

Bruno y su amigo están haciendo manualidades de papel. Cuando a uno no se le ocurre nada, el otro aporta alguna idea interesante.

Esta es Clara.

A veces, Clara es TERCA.

A veces, Clara es PERSEVERANTE.

Martín se niega firmemente a probar la verdura. Solo quiere comer dulces...

Mi tío Jorge insistió en ir en moto al aeropuerto. Colocó sobre ella el equipaje y, al final, acabó perdiendo una de sus maletas.

Ni la dificultad del terreno ni el peso de su mochila pudieron detener a mi tía Paula. Gracias a su perseverancia, alcanzó la cima.

Emilia es consciente de que, sin perseverancia, los cachorros no aprenden a hacer sus necesidades fuera de casa.

¿Qué es ser terco?

Desde que era pequeña, Clara está convencida de que su manera de hacer las cosas es siempre la correcta. Por otra parte, Clara es increíblemente creativa.

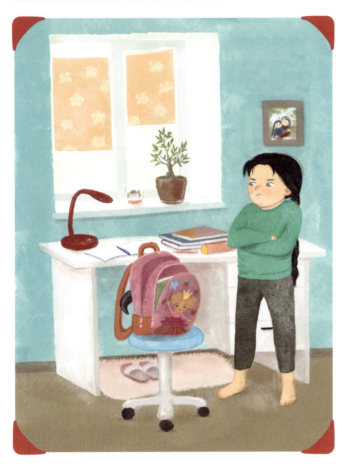

Ya es hora de acostarse, pero Clara se niega obstinadamente a preparar la mochila..

Sin embargo, a veces la forma en que Clara hace las cosas, puede molestar a los demás... E incluso a sí misma. Por ejemplo, hace poco quiso ir a una excursión de la escuela disfrazada de hada. Otra vez, se empeñó en cenar pastel de chocolate. ¡Qué ocurrencias!

«¡No pienso darte la mano, papá!», insiste Javi.

«¡Papá, me caigo!» La terquedad de Javi se vuelve en su contra.

¿CÓMO SABER SI ESTÁS SIENDO TERCO?

→ No quieres escuchar los consejos de los demás, incluso cuando piensas que son razonables.

→ Te niegas a cambiar tu actitud, opinión o punto de vista, incluso si ves que no son correctos.

→ A veces, haces lo que te han dicho que no hagas.

Hacer las cosas a tu manera puede ser genial, siempre y cuando no resulte peligroso o moleste a los demás. Como cuando, por ejemplo, te tienes que vestir para ir a casa de unos amigos y toda tu familia te está esperando… Es importante estar listo a tiempo.

¿Qué es ser perseverante?

El lado positivo de ser obstinado es que tendrás una fuerte determinación para perseguir tus objetivos. Es lo que llamamos perseverancia, y puede ser de gran ayuda para tener éxito en la vida. Una persona perseverante no se rinde hasta alcanzar sus metas. A diferencia de la terquedad, la perseverancia no causa problemas ni molesta a los demás.

Clara puede ser muy perseverante. Decidió hacerse sola un vestido de hada y, para ello, aprendió a coser. Se siente muy orgullosa de lo que ha logrado.

Ser terco, a veces, significa que tienes una gran voluntad. ¡Si la usas con sabiduría, podrás alcanzar grandes metas en tu vida!

A Elena le apasiona el japonés, aunque sea un idioma muy difícil. Gracias a su perseverancia, ya es capaz comunicarse en situaciones cotidianas.

Hace un año, parecía imposible que Carlos aprendiera a bailar. ¡Ver para creer!

Esta es Manuela.

A veces, Manuela es DESPISTADA.

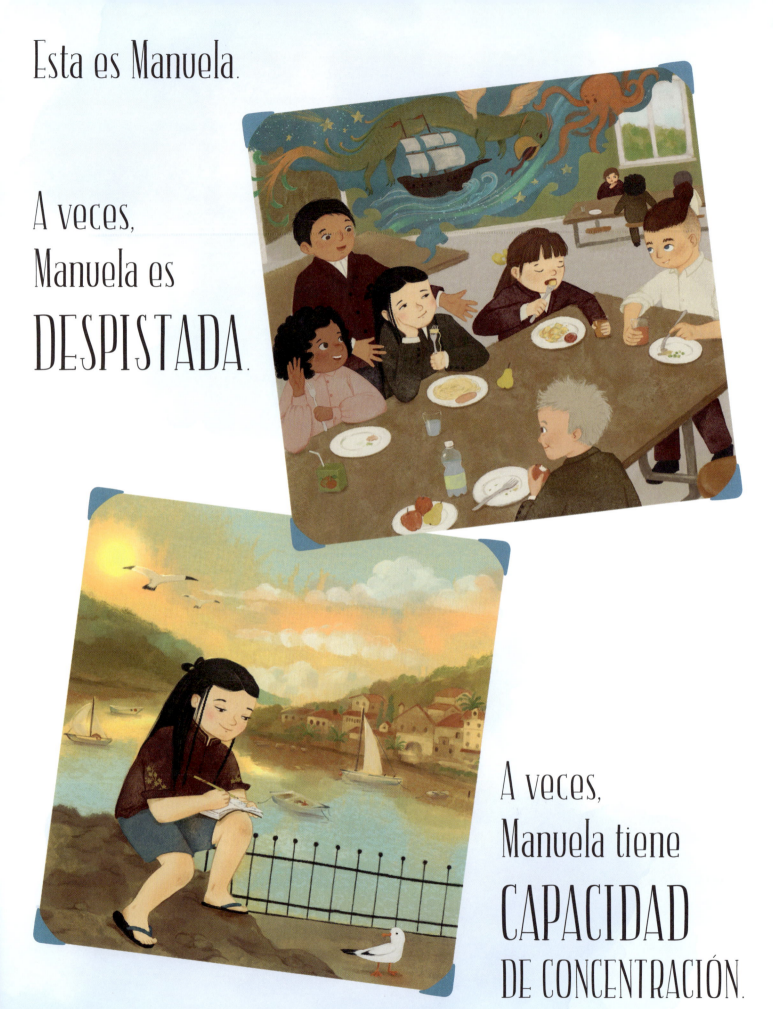

A veces, Manuela tiene CAPACIDAD DE CONCENTRACIÓN.

Julia iba distraída mientras paseaba a Fifí por el parque... ¡Y casi le pisa la cola!

Paquita iba tan ensimismada en el autobús que se pasó de parada.

Cuando la imaginativa Georgina se concentra totalmente en su pintura, crea obras bellísimas.

¡Los mellizos estaban tan concentrados en su teatro de sombras que no se percataron de que era hora de ir a dormir!

¿Qué es ser despistado?

A veces, Manuela oye a la gente decir: "Manuela está en las nubes". Otras veces, ni lo oye... ¡Porque no está prestando atención! A menudo, cuando algo le ronda la cabeza, se sumerge tanto en sus pensamientos que no se da cuenta de lo que sucede a su alrededor.

Manuela fantasea con su futuro... ¡Ojalá pueda hacer realidad sus ideas!

Ser soñador puede resultar útil. Por ejemplo, si tenemos que actuar en público o correr en una competencia,

¡Qué mejor manera de disfrutar tu creatividad que compartiéndola con tus amigos!

puede ayudarnos a estar mejor preparados. Pensar en algo bonito puede calmarnos.

Sin embargo, la realidad tiene mucho más que ofrecernos que los sueños. Manuela posee una gran imaginación, es cierto, pero también disfruta mucho jugando al tenis con sus amigos, explorando el bosque, leyendo libros y tocando el piano.

Es agradable que nos saquen de nuestros sueños. Los sueños son divertidos, pero la realidad es aún mejor.

¿Qué es tener capacidad de concentración?

A veces, el padre de Manuela también olvida el mundo que lo rodea. Cuando trabaja en su taller, está tan concentrado que no se da ni cuenta de que tiene que comer. Pero no sueña despierto, sino que hace realidad sus ideas: está creando un nuevo juguete para Manuela.

Su maravillosa imaginación le ayuda a crear todo tipo de objetos asombrosos. Nada le hace más feliz que dedicarse a lo que le gusta en un estado de gran concentración en el que todo fluye.

«Si junto todas estas piezas, podré construir un robot genial para Manuela».

Con una gran imaginación, jugar a los detectives puede ser emocionante.

Este es Nico.

A veces, Nico es MANDÓN.

A veces, Nico es un LÍDER.

José actúa como si fuera el jefe: quiere tener el banco para él solo.

«Laura, quiero dibujarlo a mi manera. ¡No me digas más qué colores usar!»

Cristina tiene tanto talento que a sus amigos les encanta cantar con ella.

Antonio trabaja en un taller. Como es el que más experiencia tiene, transmite sus conocimientos a los demás.

Nico no quería escuchar las opiniones de los demás y sus amigos se pusieron a jugar sin él.

¿Qué es ser mandón?

Cuando está con otros niños, a Nico se le ocurren juegos muy divertidos y, por eso, suele llevar la voz cantante. Sin embargo, puede acabar resultando un poco agobiante.

Aunque los niños pequeños intentan imponerse a sus padres, con el tiempo aprenden que solo consiguen lo que quieren siendo amables.

39

¿CÓMO SABER SI ESTÁS SIENDO MANDÓN?

→ Inventas reglas y dices a los demás lo que deben hacer.

→ No explicas tus ideas a los demás ni aceptas comentarios.

→ No dejas que los demás propongan sus propias ideas.

→ Los otros niños se cansan rápido de jugar contigo o dejan de hacerte caso.

Nico tiene un don para destacar sobre los demás niños y dirigirlos. Aunque tiene una gran habilidad para ello, se ha dado cuenta de que no siempre resulta sencillo. Nico quiere ser un gran líder, pero, con frecuencia, es demasiado mandón.

Muchas veces, cuando un niño actúa de manera mandona es porque quiere ser nuestro amigo, pero no sabe cómo expresarlo. Puede que su actitud dominante se deba a que es una persona insegura. ¿Qué consejo le darías a alguien así?

Gracias a su valentía y amabilidad, Nico fue el líder natural durante la excursión.

Un buen líder sabe que todos pueden participar en la toma de decisiones.

¿Qué es un líder?

Si quieres liderar un grupo, la determinación no es suficiente. También debes tener una capacidad natural para el mando, es decir, para que la gente te escuche atentamente y confíe en ti.

¡Es genial que seas un líder nato! Pero si, además, quieres llegar a ser un buen líder, necesitarás mucho esfuerzo y experiencia.

Si los demás te siguen de manera natural, ¡felicidades! Eso significa que te estás convirtiendo en un líder amable y responsable. El liderazgo es una habilidad que puedes mejorar con el tiempo para que surja de ti de forma más natural.

Nico sueña con convertirse algún día en director de cine. Dirigir un equipo de actores y artistas para crear una película taquillera requiere concentración, valentía y paciencia con los demás.

Gema es una líder responsable. Anota cuidadosamente todas las peticiones e ideas de los niños de su grupo de scouts para estudiarlas más adelante.

Este es Daniel.

A veces, Daniel es EGOÍSTA.

A veces, Daniel es CUIDADOSO CON SUS COSAS.

Nuestro vecino es la persona menos generosa del mundo. No le presta a nadie su *scooter*, ¡y eso que lleva dos semanas con la pierna enyesada!

Vanesa está siendo un poco egoísta. ¡No deja que su hermana pruebe ni un poco de su helado!

Ayer, mi abuelo me mostró encantado su álbum de sellos raros, pero no me dejó tocarlos porque tenía miedo de que los estropeara sin querer.

Mi madre colocó en una repisa bien alta el valioso jarrón de su bisabuela para evitar que alguien pudiera romperlo por accidente.

Álvaro no solo se puso triste cuando Álex le rompió el patineta, sino que, además, se enojó con él.

¿Qué es ser egoísta?

Aunque Daniel sabe que es bueno compartir, ha vivido algunas experiencias negativas: juguetes rotos, un libro perdido y aquella vez en que sus amigos se comieron todos sus caramelos. A pesar de todo, sabe que no hay amistad sin generosidad.

¿Niños, por qué se pelean por esa pieza? ¡Hay de sobra para los dos!

43

Marta está jugando con el osito de peluche, así que Susana tendrá que esperar un poco a que le llegue su turno.

¡No hay nada más divertido que jugar juntos con mi pelota nueva!

Hay veces en que no nos apetece compartir nuestras cosas. Si estás jugando con un juguete, no tienes por qué prestárselo a un amigo, pero puedes ofrecerle otro juguete para jugar juntos.

Los niños pequeños no siempre quieren compartir sus juguetes. Quizá porque aún no entienden que, si los prestan, luego se los devuelven. Con el tiempo, aprendemos que compartir es bueno, ¡porque así nos divertimos todos!

¿Qué es ser cuidadoso?

Es normal cuidar de tus cosas y tratar de protegerlas. Por ejemplo, ¿le dejarías a tu primo de tres años, que es, además, un poco torpe, jugar con tu barco favorito? Probablemente no. Pero ¿y si un amigo de tu edad quiere verlo cuando está en tu casa? Probablemente sí se lo prestarías.

Que cuides tus cosas no significa que no puedas disfrutarlas con otros niños. Por ejemplo, podrías volar tu cometa con la ayuda de un amigo. O, si quieres leer con él tu enciclopedia de animales, puedes pasar tú mismo las páginas con mucho cuidado. No pasa nada si quieres proteger tus cosas e incluso usarlas solo tú.

Las niñas estaban encantadas cuando la abuela sacó con sumo cuidado sus marionetas del viejo baúl para que las vieran.

Prueba a explicar a tus amigos por qué no quieres prestarles algo y que, a pesar de ello, pueden divertirse juntos.

Enrique siempre había deseado tener un dron. Desde que, por fin, lo consiguió, lo trata con mucho cuidado. Aunque no deja que nadie más lo maneje, ha invitado a sus amigos para que vean cómo vuela.

Entonces, ¿cómo somos realmente?

Todos somos diferentes, con una mezcla propia de cualidades buenas y malas, estados de ánimo cambiantes y días en que nos levantamos con el pie izquierdo. Nuestras acciones se ven influidas por cómo nos sentimos, lo que hemos vivido y nuestras tendencias naturales. A veces, mostramos nuestro lado menos bueno y, otras, lo mejor de nosotros, ¡es totalmente normal!

Cuando nos equivocamos, se necesita mucho valor para decir «lo siento». Para hacerlo, debemos superar el miedo o la vergüenza. Sin embargo, ¡decir «lo siento» es muy importante! Mira a tu alrededor y piensa por qué la gente actúa como lo hace.

¿Qué quieren, qué necesitan? Si observas bien a las personas de este parque –y a todas las que conocerás en tu vida–, podrás saber mejor cómo son, pero también cómo eres tú. Es una gran idea, ¿no crees?

ASÍ SOY YO

Conócete mejor a ti mismo y a los demás

© Albatros,
miembro de Albatros Media a. s.,
con sede en 5. května 22, Praga, República Checa, en el año 2025.

Autora: Helena Haraštová
Ilustradora: © Ana Kobern, 2024
Traductor: Enrique Gutiérrez Rubio
Editor: Daniel Ordóñez
Asesora especializada: Lucie Miškóci
Diseño gráfico y composición tipográfica: Martin Urbánek

www.albatrosbooks.com

Todos los derechos reservados.
Queda terminantemente prohibida la reproducción de cualquier
contenido sin el permiso por escrito de los titulares de los derechos.